생활 일본어

生活日本語

생활 일본어

지은이 김학순 · 금종애 · 윤혜영 · 김숭배
발행일 2022년 2월 28일 발행인 이진숙
펴낸곳 충남대학교출판문화원 주소 대전광역시 유성구 대학로 99
전화 042-821-6045 홈페이지 www.cnupress.co.kr E-mail cnupress@cnu.ac.kr

ISBN 979-11-6503-149-7 03730
정가 15,000원

生活日本語

생활 일본어

김학순 · 금종애 · 윤혜영 · 김숭배

충남대학교출판문화원

목차

제1과

ひらがなを　学びましょう

제1과 ひらがなを　学びましょう

일본어 문자

일본어 문자에는 히라가나(平仮名, ひらがな), 가타카나(片仮名, カタカナ), 한자(漢字)가 있다.

1. 히라가나

히라가나는 한자의 초서체에서 만들어진 문자로 일본어에서 한자와 함께 가장 일반적으로 쓰이는 문자이다.

예) 私は　韓国人です。 (나는 한국인입니다.)

현재 사용되고 있는 히라가나의 어원은 다음과 같다.

无 ん	和 わ	良 ら	也 や	末 ま	波 は	奈 な	太 た	左 さ	加 か	安 あ
	為 ゐ	利 り		美 み	比 ひ	仁 に	知 ち	之 し	幾 き	以 い
		留 る	由 ゆ	武 む	不 ふ	奴 ぬ	川 つ	寸 す	久 く	宇 う
	恵 ゑ	礼 れ		女 め	部 へ	祢 ね	天 て	世 せ	計 け	衣 え
	遠 を	呂 ろ	与 よ	毛 も	保 ほ	乃 の	止 と	曽 そ	己 こ	於 お

출처: https://commons.wikimedia.org/w/index.php?curid=92551960

2. 가타카나

가타카나는 한자의 일부분을 따거나 획을 간단히 해서 만들어진 문자로, 외래어나 의성어, 의태어, 광고문, 외국의 지명 및 인명 등에 제한적으로 사용된다.

예) コンピューター (컴퓨터), ワンワン(멍멍), ブラブラ(빈둥빈둥), ニューヨーク(뉴욕)

가타카나의 어원은 다음과 같다.

ア 阿	イ 伊	ウ 宇	エ 江	オ 於
カ 加	キ 幾	ク 久	ケ 介	コ 己
サ 散	シ 之	ス 須	セ 世	ソ 曽
タ 多	チ 千	ツ 川	テ 天	ト 止
ナ 奈	ニ 仁	ヌ 奴	ネ 祢	ノ 乃
ハ 八	ヒ 比	フ 不	ヘ 部	ホ 保
マ 末	ミ 三	ム 牟	メ 女	モ 毛
ヤ 也		ユ 由		ヨ 與
ラ 良	リ 利	ル 流	レ 礼	ロ 呂
ワ 和				ヲ 乎
ン 尓				

https://commons.wikimedia.org/w/index.php?curid=1561310

3. 한자

* 일본에서 쓰는 한자의 경우 보통은 일본식 약자를 사용한다.

예) 일본식 한자: 國 ⇨ 国, 驛 ⇨ 駅

* 한자를 읽는 방법에는 음독(音読), 훈독(訓読), 음(音)과 훈(訓)을 섞어서 읽는 방법이 있다.

음독: 한자를 음으로 읽는 방법

예) 韓国人 (かんこくじん) 한국인　　山脈 (さんみゃく) 산맥

훈독: 한자를 훈으로 읽는 방법

예) 人 (ひと) 사람　　山(やま) 산

음과 훈을 섞어서 읽는 방법

예) 本屋⇨ほん(음독)+や(훈독) 서점　　地図⇨ち(음독)+ず(훈독) 지도

히라가나

1. 청음(오십음도)

	あ단	い단	う단	え단	お단
あ행	あ [a]	い [i]	う [u]	え [e]	お [o]
か행	か [ka]	き [ki]	く [ku]	け [ke]	こ [ko]
さ행	さ [sa]	し [shi]	す [su]	せ [se]	そ [so]
た행	た [ta]	ち [chi]	つ [tsu]	て [te]	と [to]
な행	な [na]	に [ni]	ぬ [nu]	ね [ne]	の [no]
は행	は [ha]	ひ [hi]	ふ [fu]	へ [he]	ほ [ho]
ま행	ま [ma]	み [mi]	む [mu]	め [me]	も [mo]
や행	や [ya]		ゆ [yu]		よ [yo]
ら행	ら [ra]	り [ri]	る [ru]	れ [re]	ろ [ro]
わ행	わ [wa]				を [o]
	ん [n]				

あ행

あ	い	う	え	お
a	i	u	e	o

일본어의 모음 う의 발음은 '우' 와 '으' 의 사이라 할 수 있으나 발음하기 어려우니 '우' 를 발음하되 입술을 되도록이면 앞으로 내밀지 않도록 주의한다.

か행

か	き	く	け	こ
ka	ki	ku	ke	ko

우리말의 '가' 와 '카' 의 사이, [k]와 [g]의 사이, 탁음인 が행과의 구분을 위해 [k]에 가깝게 발음한다.

さ행

さ	し	す	せ	そ
sa	shi	su	se	so

し의 발음은 [si]보다 [shi]에 가깝게, す는 '스' 에 가깝게 발음한다.

た행

た	ち	つ	て	と
ta	chi	tsu	te	to

ち의 발음은 [ti]보다 [chi]로 발음, 단어의 앞에 올 때는 '치' 에 가깝게, 끝에 올 경우는 '찌' 에 가까워진다.

な행

な	に	ぬ	ね	の
na	ni	nu	ne	no

우리말의 '나, 니, 누, 네, 노' 와 거의 비슷한 발음이다.

は행

は	ひ	ふ	へ	ほ
ha	hi	fu	he	ho

숨을 내쉬면서 발음한다. ふ의 발음은 [hu]보다 [fu]에 가깝게 하며 입김이 앞으로 나오듯이 발음한다.

ま행

ま	み	む	め	も
ma	mi	mu	me	mo

우리말 '마, 미, 무, 메, 모' 와 비슷해서 한국인에게는 어렵지 않은 발음이다.

や행

や	ゆ	よ
ya	yu	yo

일본어에서 や、ゆ、よ는 반모음이며, '야, 유, 요' 로 발음한다.

ら행

ら	り	る	れ	ろ
ra	ri	ru	re	ro

[r] 발음이며, [l]발음이 되지 않도록 주의한다.

わ행

わ	を	ん
wa	o	n

を는 목적격조사(을/를)로 사용하며, 발음은 お의 발음과 동일하다. ん은 받침으로 사용되며 뒤에 오는 음에 따라 발음이 달라진다. 이에 대해서는 발음편에서 다시 설명한다.

2. 탁음, 반탁음

탁음은 글자의 오른쪽에 탁점 부호「 ゛」를 붙여 사용하며 반탁음은「 ゜」를 붙인다. 오십음도 중에서 か, さ, た, は행에서만 나타난다. 청음이 성대를 울리지 않고 내는 소리라면 탁음은 성대를 울려 발음한다.

が [ga]	ぎ [gi]	ぐ [gu]	げ [ge]	ご [go]
ざ [za]	じ [ji]	ず [zu]	ぜ [ze]	ぞ [zo]
だ [da]	ぢ [ji]	づ [zu]	で [de]	ど [do]
ば [ba]	び [bi]	ぶ [bu]	べ [be]	ぼ [bo]
ぱ [pa]	ぴ [pi]	ぷ [pu]	ぺ [pe]	ぽ [po]

が행

が	ぎ	ぐ	げ	ご
ga	gi	gu	ge	go

우리말의 'ㄱ' 과 비슷하나 성대가 울리는 느낌이 있어야 한다.

ざ행

ざ	じ	ず	ぜ	ぞ
za	ji	zu	ze	zo

영어의 [z]와 같은 발음이다.

だ행

だ	ぢ	づ	で	ど
da	ji	zu	de	do

영어의 [d] 발음에 해당하며 ぢ、じ와 づ、ず는 같은 발음이며 현대에는 주로 じ와 ず가 쓰인다.

ば행

ば	び	ぶ	べ	ぼ
ba	bi	bu	be	bo

우리말의 ‘ㅂ’ 과 비슷한 부드러운 발음이다.

ぱ행

ぱ	ぴ	ぷ	ぺ	ぽ
pa	pi	pu	pe	po

반탁음은 は행의 오른편에 반탁음 부호「°」를 붙여서 사용한다. 영어의 [p] 발음에 가깝다.

3. 요음

イ단에 소문자 や、ゆ、よ를 붙여 한 박자로 발음한다.

きゃ [kya]	きゅ[kyu]	きょ[kyo]
ぎゃ[gya]	ぎゅ[gyu]	ぎょ[gyo]
しゃ[sha]	しゅ[shu]	しょ[sho]
じゃ[ja]	じゅ[ju]	じょ[jo]
ちゃ[cha]	ちゅ[chu]	ちょ[cho]
にゃ[nya]	にゅ[nyu]	にょ[nyo]
ひゃ [hya]	ひゅ[hyu]	ひょ[hyo]
びゃ[bya]	びゅ[byu]	びょ[byo]
ぴゃ[pya]	ぴゅ[pyu]	ぴょ[pyo]
みゃ[mya]	みゅ[myu]	みょ[myo]
りゃ[rya]	りゅ[ryu]	りょ[ryo]

제2과

カタカナを　学びましょう

제2과

カタカナを　学びましょう

가타카나

1. 청음(오십음도)

ア [a]	イ [i]	ウ [u]	エ [e]	オ [o]
カ [ka]	キ [ki]	ク [ku]	ケ [ke]	コ [ko]
サ [sa]	シ [shi]	ス [su]	セ [se]	ソ [so]
タ [ta]	チ [chi]	ツ [tsu]	テ [te]	ト [to]
ナ [na]	ニ [ni]	ヌ [nu]	ネ [ne]	ノ [no]
ハ [ha]	ヒ [hi]	フ [fu]	ヘ [he]	ホ [ho]
マ [ma]	ミ [mi]	ム [mu]	メ [me]	モ [mo]
ヤ [ya]		ユ [yu]		ヨ [yo]
ラ [ra]	リ [ri]	ル [ru]	レ [re]	ロ [ro]
ワ [wa]				ヲ [o]
ン [n]				

2. 탁음, 반탁음

ガ [ga]	ギ [gi]	グ [gu]	ゲ [ge]	ゴ [go]
ザ [za]	ジ [ji]	ズ [zu]	ゼ [ze]	ゾ [zo]
ダ [da]	ヂ [ji]	ヅ [zu]	デ [de]	ド [do]
バ [ba]	ビ [bi]	ブ [bu]	べ [be]	ボ [bo]
パ [pa]	ピ [pi]	プ [pu]	ペ [pe]	ポ [po]

3. 요음

キャ [kya]	キュ [kyu]	キョ [kyo]
ギャ [gya]	ギュ [gyu]	ギョ [gyo]
シャ [sha]	シュ [shu]	ショ [sho]
ジャ [ja]	ジュ [ju]	ジョ [jo]
チャ [cha]	チュ [chu]	チョ [cho]
ニャ [nya]	ニュ [nyu]	ニョ [nyo]
ヒャ [hya]	ヒュ [hyu]	ヒョ [hyo]
ビャ [bya]	ビュ [byu]	ビョ [byo]
ピャ [pya]	ピュ [pyu]	ピョ [pyo]
ミャ [mya]	ミュ [myu]	ミョ [myo]
リャ [rya]	リュ [ryu]	リョ [ryo]

ア행

ア	イ	ウ	エ	オ
a	i	u	e	o

アイス 얼음
イヤリング 귀걸이
ソウル 서울
エアコン 에어컨
オムレツ 오믈렛

カ행

カ	キ	ク	ケ	コ
ka	ki	ku	ke	ko

カメラ 카메라
スキー 스키
クリスマス 크리스마스
ケーキ 케이크
コアラ 코알라

サ행

サ	シ	ス	セ	ソ
sa	shi	su	se	so

サラダ 샐러드
シーソー 시소
スカート 스커트
セーター 스웨터
ソース 소스

タ행

タ	チ	ツ	テ	ト
ta	chi	tsu	te	to

タオル 타월
チキン 치킨
ツアー 투어
テレビ 텔레비전
トマト 토마토

ナ행

ナ	ニ	ヌ	ネ	ノ
na	ni	nu	ne	no

バナナ 바나나　　テニス 테니스　　カヌー 카누
ネクタイ 넥타이　　ノート 노트

ハ행

ハ	ヒ	フ	ヘ	ホ
ha	hi	fu	he	ho

ハーモニカ 하모니카　　コーヒー 커피　　フラフープ 훌라우프
ヘア 헤어　　ホテル 호텔

マ행

マ	ミ	ム	メ	モ
ma	mi	mu	me	mo

マイク 마이크　　ミルク 밀크　　ホームラン 홈런
メロン 메론　　モノレール 모노레일

ヤ행

ヤ	ユ	ヨ
ya	yu	yo

ダイヤモンド 다이아몬드　　ユニホーム 유니폼　　ヨガ 요가

ラ행

ラ	リ	ル	レ	ロ
ra	ri	ru	re	ro

ラジオ 라디오　　リボン 리본　　ルーム 룸

レモン 레몬　　ロープ 로프, 밧줄

ワ행

ワ	ヲ	ン
wa	o	n

ワルツ 왈츠　　~ヲ ~을/를　　ペン 펜

제3과

特別な　発音を　学びましょう

제3과 特別な　発音を　学びましょう

1. 발음 「ん」

1. 「さ, ざ, た, だ, な, ら」 행 앞 「ㄴ」 발음

예) おんせん (온천)　せんぞ (선조)　はんたい (반대)　げんだい (현대)
あんない (안내)　しんらい (신뢰)

2. 「ま, ば, ぱ」 행 앞 「ㅁ」 발음

예) たんぼ (논)　えんぴつ (연필)　うんめい (운명)

3. 「か, が」 행 앞 「ㅇ」 발음

예) かんこく (한국)　ぶんがく (문학)

4. 어말, 「あ, や, わ」 행 앞 「ㄴ」 과 「ㅇ」 의 중간 발음

예) にほん (일본)　はんい (범위)　れんあい (연애)　こんやく (약혼)

2. 촉음 「つ」

1. 「か행」 앞 [k] 발음

예) さっか (작가)　がっき (악기)

2. 「さ행」 앞 [s] 발음

예) けっせき (결석)　ざっし (잡지)

3. 「た행」 앞 [t] 발음

예) いっち (일치)　きって (우표)

4. 「ぱ행」 앞 [p] 발음

예) いっぱい (가득, 한 잔)　きっぷ (표)

※ 주의 : 촉음을 발음하지 않으면 의미가 바뀐다.
예) さか(고개) , さっか(작가)
いち(위치) , いっち(일치)

3. 장음

1. 「あ단」 + あ

예) おかあさん(어머니)　　　　おばあさん(할머니)

2. 「い단」 + い

예) おじいさん(할아버지)　　　　いいえ(아니요)

3. 「う단」 + う

예) ゆうき (용기)　　　　すうがく(수학)

4. 「え단」 + え, い

예) おねえさん(언니, 누나)　　　　けいたい(휴대전화)

5. 「お단」 + お, う

예) こおり(얼음)　　　　おとうさん(아버지)

※ 주의 : 장음을 발음하지 않으면 의미가 바뀐다.
예) おばさん(아주머니) , おばあさん(할머니)
おじさん(아저씨) , おじいさん(할아버지)
ゆき(눈) , ゆうき(용기)
え(그림) , ええ(네)
ここ(여기) , こうこう(고등학교)

6. 장음을 표기할 때는 「ー」를 사용

예) コーヒー(커피)　タクシー(택시)　ビール(맥주)　＊ビル(빌딩)

제4과

はじめまして

생각해보기

일본인들은 자기소개를 어떻게 할까요?
일본에서는 새로운 모임이나 행사에서 자신에 대한 소개를 자주 합니다.
일본사람들은 수많은 성과 이름을 사용하고 있기에 이름을 정확히 외워야 합니다.
일본인들은 자신이 현재 소속된 곳과 하는 일을 중요시 생각합니다.
정확한 자기소개 표현을 학습하여 실생활에도 잘 활용해 봅시다.

제4과 はじめまして

함께 이야기해 봅시다!

イ　はじめまして。 私は　イ·シウです。
どうぞ　よろしく　おねがいします。

木村　はじめまして。 木村 ゆきです。
こちらこそ　どうぞ　よろしく　おねがいします。
イさんは　留学生ですか。

イ　はい。 忠南大学の　学生です。

木村　イさんは　2年生ですか。

イ　いいえ、 2年生では　ありません。
3年生です。

木村　私も　3年生です。

새로운 단어

はじめまして 처음뵙겠습니다
~です ~입니다
~さん ~씨
忠南大学 (チュンナムだいがく) 충남대학교
~年生 (ねんせい) ~학년
私 (わたし) 나, 저
どうぞ 부디, 제발
留学生 (りゅうがくせい) 유학생
学生 (がくせい) 학생
~も ~도
~は ~은/는
よろしく 잘
はい 예
いいえ 아니오

문형과 문법을 배워봅시다!

1. ~は　~です　　~은/는 ~입니다

私は　先生です。
鈴木さんは　日本人です。
彼は　医者です。

2. ~は　~ですか　　~은/는 ~입니까

パクさんは　中国人ですか。
彼女は　主婦ですか。
あなたは　高校生ですか。

새로운 단어

先生 (せんせい) 선생님	鈴木 (すずき) 스즈키(성)	彼 (かれ) 그
日本人 (にほんじん) 일본인	医者 (いしゃ) 의사	パク 박(성)
中国人 (ちゅうごくじん) 중국인	彼女 (かのじょ) 그녀	主婦 (しゅふ) 주부
あなた 당신	高校生 (こうこうせい) 고등학생	

3. ~では　ありません　　~이/가 아닙니다

私は　会社員では　ありません。
中田さんは　教師では　ありません。
イさんは　アメリカ人では　ありません。

4. ~は　~の　~です　　~은/는 ~의 ~입니다

私は　韓国大学の　学生です。
チンさんは　中国の　留学生です。
田中さんは　日本語の　先生です。

인칭대명사 및 새로운 단어

***인칭대명사**

1인칭: 私(わたし), 僕(ぼく): 나 · 저, わたくし: 저
2인칭: あなた: 당신, 君(きみ): 너 · 자네
3인칭: 彼(かれ): 그 · 그 남자, 彼女(かのじょ): 그녀 · 그 여자, 誰(だれ): 누구

새로운 단어

日本語 (にほんご) 일본어
韓国人 (かんこくじん) 한국인
会社員 (かいしゃいん) 회사원
教師 (きょうし) 교사
アメリカ人 (あめりかじん) 미국인

읽고 써 봅시다!

1. 例) 私/大学生 ⇨ 私は　大学生です。

イさん/会社員 ⇨

私/韓国人 ⇨

イさん/留学生 ⇨

パクさん/先生 ⇨

2. 例) 木村さん/学生 ⇨ A : 木村さんは　学生ですか。
B1: はい、　そうです。
B2: いいえ、　学生では　ありません。

中山さん/公務員 ⇨ A:
B1:
B2:

キムさん/シェフ ⇨ A:
B1:
B2:

佐藤さん/高校生 ⇨ A:
B1:
B2:

ジョンさん/アメリカ人 ⇨ A:
B1:
B2:

3. 例) 大阪大学 ⇨ 私は　大阪大学の　学生です。

文学部 ⇨

日本語学科 ⇨

듣고 써 봅시다!

1. 일본어 단어를 잘 듣고 알맞은 일본어를 넣어 보세요.

(1) ______________________________

(2) ______________________________

(3) ______________________________

(4) ______________________________

2. 일본어 문장을 잘 듣고 빈칸에 알맞은 일본어를 넣어 보세요.

(1) 私は　(　　　　　　　　　)です。

(2) あなたは (　　　　　　　　　)ですか。

(3) 彼女は　(　　　　　　　　　)ですか。

(4) イさんは (　　　　　　　　　)です。

a: 先生　b: 学生　c: 日本人　d: 韓国の公務員

새로운 단어

大学生 (だいがくせい) 대학생
公務員 (こうむいん) 공무원
大阪大学 (おおさかだいがく) 오사카대학
日本語学科 (にほんごがっか) 일본어학과
そうです 그렇습니다
シェフ 요리사
文学部 (ぶんがくぶ) 문학부

일본어로 놀아봅시다!

はじめまして。 ハラです。
どうぞ　よろしく　お願いいたします。

1. 자신의 일본어 애칭을 정하세요.
2. 자신의 얼굴을 그림으로 그려 보세요.
3. 자신에 대한 소개를 한국어로 먼저 적어보세요.
4. 학습한 내용을 참고하여 일본어로 자기소개를 종이에 적어보세요.
5. 자기소개를 적은 종이를 책상 위나 벽에 붙이고 다른 학생들을 방문하며 서로 연습해보세요.

[예시]

1. はじめまして。
2. 私は__________です。
3. 忠南大学の__________学科の__________年生です。
4. 趣味は__________です。
5. どうぞ　よろしく　お願いします。

제5과

それは　何ですか

생각해보기

사람과 사물, 장소를 지칭하는 일본어 표현은 무엇이 있을까요?
우리도 일상생활에서 이러한 표현들을 많이 사용하고 있습니다.
상대방과의 대화에서 정보를 얻고 소통하기 위한 지칭과 관련된 표현을 배워 실제 회화 연습을 통해 익혀봅시다.

함께 이야기해 봅시다!

木村　　イさん、　いらっしゃい。
イ　　木村さん　こんにちは。
　　おじゃまします。
　　これは　韓国の　おみやげです。　どうぞ。
木村　　ありがとうございます。

イ　　木村さん。　それは　何ですか。
木村　　これは　韓国語の　教科書です。
イ　　部屋の　中に　たくさん　ありますね。
　　あれも　教科書ですか。
木村　　いいえ。　あれは　日本の　本です。
　　マンガも　ありますよ。
イ　　マンガは　どこに　ありますか。
木村　　机の　上に　ありますよ。
イ　　その　マンガは　木村さんのですか。
木村　　はい。　そうです。

새로운 단어

いらっしゃい 어서 오세요
おじゃまします (다른 곳을 방문할 때) 실례합니다
おみやげ 선물
教科書(きょうかしょ) 교과서
部屋(へや) 방
中(なか) 안
本(ほん) 책
マンガ 만화
机(つくえ) 책상
上(うえ) 위

문형과 문법을 배워봅시다!

1. 지시대명사

	근칭	중칭	원칭	부정칭
사물	これ 이것	それ 그것	あれ 저것	どれ 어느 것
지시어	この 이	その 그	あの 저	どの 어느
장소	ここ 여기	そこ 거기	あそこ 저기	どこ 어디
방향	こちら 이쪽	そちら 그쪽	あちら 저쪽	どちら 어느 쪽

これは　教科書です。

それは　ノートです。

あれは　雑誌です。

大田は　どこですか。

2. 何ですか　　　무엇입니까

A: これは　何ですか。

B: それは　椅子です。

A: それは　何ですか。

B: これは　机です。

A: あれは　何ですか。

B: あれは　おみやげです。

3. この(その/あの)　~は　~のです　　　이(그/저) ~은/는 ~의 것입니다

この　マンガは　私のです。

その　ペンは　金さんのです。

あの　本は　彼女のです。

4. 위치를 나타내는 명사

上(うえ) 위	前(まえ) 앞	右(みぎ) 오른쪽	中(なか) 속, 안
下(した) 아래	後ろ(うしろ) 뒤	左(ひだり) 왼쪽	外(そと) 밖

5. ~に　~が　あります　　　~에 (사물, 식물) ~이/가 있습니다

大田に　忠南大学が　あります。

机の　下に椅子が　あります。

学校の　中に銀行が　あります。

6. ~に　~が　います　　　~에 (사람, 동물) ~이/가 있습니다

公園に　犬が　います。

部屋の　前に　彼が　います。

正門の　右に　学生が　います。

새로운 단어

雑誌(ざっし) 잡지　　椅子(いす) 의자　　銀行(ぎんこう) 은행

公園(こうえん) 공원　　犬(いぬ) 개　　正門(せいもん) 정문

읽고 써 봅시다!

1. 例) これ/かばん	⇨	これは　かばんです。
それ/時計	⇨	
あれ/かさ	⇨	
これ/お菓子	⇨	

2. 例) それ/辞書	⇨	A:それは　何ですか。 B:辞書です。
これ/ボールペン	⇨	A: B:
あれ/私の　家	⇨	A: B:
それ/私の　かぎ	⇨	A: B:

3. 例) ここ/東京駅	⇨	A:ここは　どこですか。 B:東京駅です。
本/あそこ	⇨	A: B:
トイレ/ここ	⇨	A: B:
ここ/ソウル駅	⇨	A: B:

4. 例) この　パソコン/韓国　⇨　この　パソコンは　韓国のです。

あの　パン/私　⇨

その　服/私　⇨

この　カメラ/友達　⇨

5. 例) テーブル　の上/本　⇨　テーブルの　上に　本が　あります。

例) 椅子の　下/犬　⇨　椅子の　下に　犬が　います。

家の　前/図書館　⇨

学校の　隣/お店　⇨

教室の　中/学生　⇨

テレビの　左/マンガ　⇨

새로운 단어

かばん 가방	時計(とけい) 시계	かさ 우산
お菓子(おかし) 과자	辞書(じしょ) 사전	ボールペン 볼펜
家(いえ) 집	かぎ 열쇠	東京(とうきょう) 도쿄
駅(えき) 역	トイレ 화장실	ソウル 서울
パソコン 컴퓨터	パン 빵	服(ふく) 옷
カメラ 카메라	テーブル 테이블	図書館(としょかん) 도서관
隣(となり) 옆	お店(おみせ) 가게	テレビ 텔레비전

듣고 써 봅시다!

1. 일본어 문장을 잘 듣고 알맞은 그림을 골라 보세요.

(1) (　　　　　　)は　(　　　　　)です。　　(2) (　　　　　　)は　(　　　　　)です。

(3) (　　　　　　)は　(　　　　　)です。

2. 일본어 질문을 잘 듣고 알맞은 대답을 적어 보세요.

(1) 犬は　どこに　いますか。

(2) パンは　どこに　ありますか。

일본어로 놀아봅시다!

1. 충남대학교 지도를 확인해 보세요.
2. 중앙도서관과 본관 건물은 어디에 있는지 대답해 보세요.
3. 왼쪽과 오른쪽에 어떠한 건물이 배치되어 있는지 대답해 보세요.
4. 여러분의 학과는 어느 건물, 어디에 있는지 대답해 보세요.
5. 여러분들이 가장 많이 사용하는 건물이 어디에 있는지 대답해 보세요.

제6과

今、何時ですか

생각해보기

여러분을 시간을 잘 지키시나요.
일본은 시간 약속을 엄격히 지키는 문화가 있습니다. 일본에서는 시간을 잘 지키기 위해 조금 더 일찍 움직이는게 좋습니다.
그럼 시간과 관련된 표현을 공부해 볼까요?

함께 이야기해 봅시다!

木村	あ、　イさん、　今から　授業ですか。
イ	はい。　午後から　大学で　日本文化の 授業が　あります。
木村	教室は　どこですか。
イ	347号室です。
木村	何時からですか。
イ	3時から　4時　50分まででです。 その　後　7時から　バイトが　あります。
木村	何時まででですか。
イ	夜　10時　半まででです。
木村	昨日も　バイトでしたか。
イ	はい。　昨日は　午前　9時から　午後　3時まででした。 でも　明日は　休みです。

새로운 단어

今(いま) 지금
文化(ぶんか) 문화
何時(なんじ) 몇 시
午前(ごぜん) 오전
授業(じゅぎょう) 수업
教室(きょうしつ) 교실
~後(あと) ~후
休み(やすみ) 휴식, 쉼
午後 (ごご) 오후
号室(ごうしつ) 호실
(アル)バイト 아르바이트

문형과 문법을 배워봅시다!

1. 숫자

数字(숫자)	一(일)	十(십)	百(백)	千(천)	万(만)
1	いち	じゅう	ひゃく	せん	いちまん
2	に	にじゅう	にひゃく	にせん	にまん
3	さん	さんじゅう	さんびゃく	さんぜん	さんまん
4	し/よん/よ	よんじゅう	よんひゃく	よんせん	よんまん
5	ご	ごじゅう	ごひゃく	ごせん	ごまん
6	ろく	ろくじゅう	ろっぴゃく	ろくせん	ろくまん
7	しち/なな	ななじゅう	ななひゃく	ななせん	ななまん
8	はち	はちじゅう	はっぴゃく	はっせん	はちまん
9	きゅう/く	きゅうじゅう	きゅうひゃく	きゅうせん	きゅうまん

48　　よんじゅう　はち

679　　ろっぴゃく　ななじゅう　きゅう

3862　　さんぜん　はっぴゃく　ろくじゅう　に

19326　　いちまん　きゅうせん　さんびゃく　にじゅう　ろく

2. 시간

時		分		分	
1時	いちじ	1分	いっぷん	25分	にじゅうごふん
2時	にじ	2分	にふん	30分	さんじゅっぷん
3時	さんじ	3分	さんぷん	35分	さんじゅうごふん
4時	よじ	4分	よんぷん	40分	よんじゅっぷん
5時	ごじ	5分	ごふん	45分	よんじゅうごふん
6時	ろくじ	6分	ろっぷん	50分	ごじゅっぷん
7時	しちじ	7分	ななふん	55分	ごじゅうごふん
8時	はちじ	8分	はっぷん	60分	ろくじゅっぷん
9時	くじ	9分	きゅうふん		
10時	じゅうじ	10分	じゅっぷん		
11時	じゅういちじ	15分	じゅうごふん		
12時	じゅうにじ	20分	にじゅっぷん		

4時 15分　　よじ　じゅうごふん

7時 20分　　しちじ　にじゅっぷん

9時 40分　　くじ　よんじゅっぷん

3. 시간을 나타내는 명사

	과거	현재	미래
日(일)	昨日(きのう)	今日(きょう)	明日(あした)
週(주)	先週(せんしゅう)	今週(こんしゅう)	来週(らいしゅう)
年(년)	去年(きょねん)	今年(ことし)	来年(らいねん)

明日は　授業です。

今週は　休みです。

来年は　東京に　います。

4. ~から　~まで　　~에서/부터 ~까지

韓国語の　授業は　4時から　7時までです。

バイトは　昨日から　明日までです。

大田から　ソウルまで　2時間です。

5. ~でした　　~이었습니다/였습니다

先週まで　休みでした。

キムさんは　先生でした。

イさんは　学生では　ありませんでした。

읽고 써 봅시다!

1. 例) PM 3:20 ⇨ 午後　3時　20分です。

AM 10:35 ⇨

PM 7:20 ⇨

AM 6:30 ⇨

PM 11:05 ⇨

2. 例) 学校 9:00 / 18:00 ⇨ A:学校は　何時から　何時までですか。
B:午前　9時から　午後　6時までです。

銀行
9:00 / 16:00 ⇨ A:
B:

バイト
15:30 / 21:30 ⇨ A:
B:

その　お店
10:30 / 23:00 ⇨ A:
B:

3. 例) 昨日 / バイト ⇨ A:昨日は　バイトでしたか。
B:はい。　バイトでした。
C:いいえ。
バイトでは　ありませんでした。

先週 / 日本 ⇨ A:
B:
C:

昨日の　授業 / 休み ⇨ A:
B:
C:

去年　あなた / 2年生 ⇨ A:
B:
C:

듣고 써 봅시다!

1.일본어 문장을 잘 듣고 알맞은 그림을 골라 보세요.

(1)

(2)

(3)

2.일본어 문장을 잘 듣고 알맞은 시간을 적어보세요.

(1) ____________________

(2) ____________________

(3) ____________________

일본어로 놀아봅시다!

1. 여러분의 일본 여행 일정을 시간 표현을 활용해서 만들어 보세요.
2. 서로 자신의 여행 일정에 대해 이야기하며 시간 표현을 익혀보아요.
3. 서로 여행 일정을 보고 비교하면서 질문과 대답도 해 보세요.

旅行日程表

旅行先

旅行期間

	日付	スケジュール	宿泊先	食事	備考
1日目				朝	
				昼	
				夜	
2日目				朝	
				昼	
				夜	

	日付	スケジュール	宿泊先	食事	備考
3日目				朝	
				昼	
				夜	
4日目				朝	
				昼	
				夜	

제7과

今日は　少し　寒いですね

생각해보기

일본에서 유학하면서 학업과 아르바이트로 바쁜 나날을 보내고 있는 이시우가 기무라와 함께 날씨, 생활 등에 대해 이야기를 나누고 있습니다.
사물의 성질이나 상태를 나타내는 표현이 형용사이죠. 일본어에는 형용사가 두 종류 있습니다.
본 과에서는 い형용사를 배워보도록 하겠습니다.

함께 이야기해 봅시다!

イ	今日は　少し　寒いですね。
木村	そうですね。 韓国も　寒いですか。
イ	はい。 冬は　とても　寒いです。
木村	夏は　どうですか。 日本は　とても　暑いですよ。
イ	韓国も　暑いです。
木村	そうですか。 日本の　生活は　どうですか。 淋しくないですか。
イ	はい、 勉強と　バイトで　忙しいですが、 楽しいです。
木村	食べ物は　どうですか。
イ	おいしいです。 日本にも　最近　辛い　食べ物が　多いですね。
木村	よかったですね。 あ、 昨日の　試験は　難しかったですか。
イ	いいえ。 難しく　なかったです。 とても　易しかったですよ。

새로운 단어

少し(すこし) 조금
冬(ふゆ) 겨울
どうですか 어떻습니까?
勉強(べんきょう) 공부
~ですが ~입니다만
最近(さいきん) 요즘
おいしい 맛있다
難しい(むずかしい) 어렵다
寒い(さむい) 춥다
とても 매우, 대단히
暑い(あつい) 덥다
~で ~으로(원인, 이유)
楽しい(たのしい) 즐겁다
辛い(からい) 맵다
よかったですね 다행이네요
易しい(やさしい) 쉽다
そうですね 그렇군요
夏(なつ) 여름
淋しい(さびしい) 외롭다/쓸쓸하다
忙しい(いそがしい) 바쁘다
食べ物(たべもの) 먹을 것, 음식
多い(おおい) 많다
試験(しけん) 시험

문형과 문법을 배워봅시다!

1. ~いです　　　　~(ㅂ)습니다

あの　カバンは　とても　高いです。
韓国の　キムチは　辛いです。
私の　部屋は　広いです。

2. ~く　ないです(ありません)　~지 않습니다

この　ケーキは　甘く　ないです(甘く　ありません)。
建物が　小さく　ないです(小さく　ありません)。
宿題は　楽しく　ないです(楽しく　ありません)。

새로운 단어

高い(たかい) 비싸다	キムチ 김치	部屋(へや) 방
広い(ひろい) 넓다	ケーキ 케이크	甘い(あまい) 달다
建物(たてもの) 건물	小さい(ちいさい) 작다	宿題(しゅくだい) 숙제

3. ~ですが　~です　　　~지만 ~(ㅂ)습니다

あの　店の　オムライスは　高いですが、 おいしいです。
日本語は　難しいですが、 おもしろいです。
地下鉄の　駅までは　近いですが、 スーパーは　遠いです。

4. ~い + 명사　　　~ㄴ(는) + 명사

美しい　景色ですね。
おもしろい　ゲームです。
安い　果物です。

새로운 단어

オムライス 오므라이스	地下鉄(ちかてつ) 지하철	近い(ちかい) 가깝다
スーパー 슈퍼	遠い(とおい) 멀다	美しい(うつくしい) 아름답다
景色(けしき) 경치	おもしろい 재미있다	ゲーム 게임
安い(やすい) 싸다	果物(くだもの) 과일	

5. ~かったです　~았/었습니다

この　ワインは　おいしかったです。

昨日は　暖かかったです。

お腹の　調子が　悪かったです。

6. ~く　なかったです(ありませんでした)　~지 않았습니다

去年の　秋は　涼しく　なかったです(涼しく　ありませんでした)。

昔は　太く　なかったです(太く　ありませんでした)。

試験の　結果は　よく　なかったです(よく　ありませんでした)。

새로운 단어

ワイン 와인	暖かい(あたたかい) 따뜻하다	お腹(おなか) 배
調子(ちょうし) 상태	悪い(わるい) 나쁘다	去年(きょねん) 작년
秋(あき) 가을	涼しい(すずしい) 시원하다	昔(むかし) 옛날
太い(ふとい) 굵다	結果(けっか) 결과	いい/よい 좋다

읽고 써봅시다!

1. 例) 今日 / 暑い	⇨	A: 今日は　暑いです。 B: 今日は　暑く　ないです。
韓国の　春 / 暖かい	⇨	A: B:
先生 / 優しい	⇨	A: B:
デパート / 涼しい	⇨	A: B:

2. 例) テスト / 難しいしい	⇨	A: テストは　難しかったです。 B: テストは　難しく　なかったです。
その　果物 / おいしい	⇨	A: B:
その　映画 / いい・よい	⇨	A: B:
この　教科書 / 高い	⇨	A: B:

3. 例) 韓国料理 / 辛い / おいしい ⇨ 韓国料理は　辛いですが、おいしいです。

私の　部屋 / 狭い / 涼しい

⇨

この　小説 / 長い / おもしろい

⇨

仕事 / 忙しい / 楽しい

⇨

새로운 단어

春(はる) 봄	優しい(やさしい) 상냥하다	デパート 백화점
テスト 테스트	映画(えいが) 영화	料理(りょうり) 요리
狭い(せまい) 좁다	小説(しょうせつ) 소설	長い(ながい) 길다
仕事(しごと) 일		

듣고 써봅시다!

1. 잘 듣고 내용과 맞는 그림을 골라 연결하세요.

(1) (2) (3)

2. 대화내용을 잘 듣고 질문에 ○×로 답하세요.

(1) 昨日は　涼しい 日でした。 (　　　　　)
(2) みそラーメンは　塩辛いです。 (　　　　　)
(3) アニメは　長く　ありませんでした。 (　　　　　)

새로운 단어

生ビール(なまビール) 생맥주	ビル 빌딩, 건물	天気(てんき) 날씨
午前中(ごぜんちゅう) 오전중	みそラーメン 된장라면	うどん 우동
塩辛い(しおからい) 짜다	アニメ 애니메이션	

일본어로 놀아봅시다!

빙고게임

다음 い형용사를 아래 칸에 자유롭게 넣어봅시다
가로, 세로, 대각선 중 ‘○’ 가 일치하면 ‘빙고!’ 를 외쳐주세요.

やすい	たかい	おもしろい
からい	おいしい	すずしい
むずかしい	ながい	やさしい
せまい	いそがしい	たのしい
いい	ひろい	ちいさい

제8과

おしゃれな　カフェですね

생각해보기

최근에는 이색적인 카페가 많이 생기면서 카페를 이용하는 사람들이 늘고 있는 추세입니다. 이시우와 기무라도 수업 후에 카페에 갔네요.
7과에서 い형용사에 대해 학습하였습니다. 이번 과에서는 な형용사에 대해 배워보도록 하겠습니다.

함께 이야기해봅시다!

木村	イさん。 授業の 後、 時間 ありますか。
イ	はい。 今日は 大丈夫ですよ。 午後は 暇です。
木村	学校の 正門の 前に カフェが あります。 コーヒー 好きですか。
イ	いいえ、 コーヒーは あまり 好きじゃ ありません。 カフェラテなら 大丈夫です。

(カフェで)

イ	おしゃれな カフェですね。 音楽も すてきですね。
木村	コーヒーの 値段は 少し 高いですが。
イ	いくらですか。
木村	400円 ぐらいです。
イ	そうですか。 韓国も 同じですよ。 今日は 人が 少ないですね。 とても 静かです。
木村	昨日も 静かでしたが、 一昨日は 日曜日でしたので 静かじゃ なかったです。
イ	店員さんも 親切ですね。 あ、 トイレも きれいでしたよ。

새로운 단어

時間(じかん) 시간	大丈夫だ(だいじょうぶだ) 괜찮다	暇だ(ひまだ) 한가하다
カフェ 카페	コーヒー 커피	好きだ(すきだ) 좋아하다
あまり 그다지	カフェラテ 카페라테	おしゃれだ 멋있다
音楽(おんがく) 음악	すてきだ 멋있다	値段(ねだん) 가격
400円(よんひゃくえん) 400엔	~ぐらい ~정도	同じだ(おなじだ) 같다
少ない(すくない) 적다	平日(へいじつ) 평일	でも 그러나,하지만
一昨日(おととい) 그저께	~ので ~때문에	静かだ(しずかだ) 조용하다
店員(てんいん) 점원	親切だ(しんせつだ) 친절하다	きれいだ 깨끗하다

문형과 문법을 배워봅시다!

1. ~です　　　~(ㅂ)습니다

日本語の　先生は　親切です。
車は　便利です。
図書館は　静かです。

2. ~じゃ(では)　ありません(ないです)　　　~지 않습니다

仕事は　大変じゃ(では)　ありません(大変じゃ　ないです)。
かばんの　中は　きれいじゃ(では)　ありません(きれいじゃ　ないです)。
教室の　中は　静かじゃ(では)　ありません(静かじゃ　ないです)。

3. ~な+명사　　　~(ㄴ)는+명사

親切な　人ですね。
にぎやかな　市場です。
これは　すてきな　服です。

새로운 단어

車(くるま) 자동차　便利だ(べんりだ) 편리하다　大変だ(たいへんだ) 큰일이다, 힘들다
にぎやかだ 번화하다, 활기차다　市場(いちば) 시장

4. ~でした　　　~았/었습니다

食堂は　きれいでした。
あの　人は　とても　有名でした。
昨日までは　暇でしたが、 今日は　とても　忙しいです。

5. ~じゃ(では)　なかったです(ありませんでした)　~지 않았습니다

ゲームは　簡単じゃ(では)　なかったです(簡単じゃ　ありませんでした)。
コンビニの　店員は　まじめじゃ(では)　なかったです(まじめじゃ　ありませんでした)。
この　椅子は　丈夫じゃ(では)　なかったです(丈夫じゃ　ありませんでした)。

새로운 단어

食堂(しょくどう) 식당	有名だ(ゆうめいだ) 유명하다	ゲーム 게임
コンビニ 편의점	まじめだ 성실하다, 진지하다	丈夫だ(じょうぶだ) 튼튼하다

읽고 써봅시다!

1. 例) その　学生 / まじめだ ⇨ A: その　学生は　まじめです。
B: その　学生は　まじめじゃ　ありません(まじめじゃ　ないです)。

日本の　祭り / にぎやかだ ⇨ A:

B:

彼 / 元気だ ⇨ A:

B:

ホテル / 静かだ ⇨ A:

B:

2. 例) 昨日 / 暇だ ⇨ A: 昨日は　暇でした。
B: 昨日は　暇じゃ　なかったです(暇じゃ　ありませんでした)。

その　事 / 心配だ ⇨ A:

B:

昨日の　パーティー / 静かだ ⇨ A:

B:

テスト / 簡単だ ⇨ A:

B:

3.例)キムさん/どんな　人/静かだ ⇨ A: キムさんは　どんな　人ですか。
B: 静かな　人です。

彼女/どんな　人/まじめだ ⇨ A:

B:

友達/どんな　人/親切だ ⇨ A:

B:

その　カフェ/どんな　所/すてきだ ⇨ A:

B:

새로운 단어

祭り(まつり) 축제	ホテル 호텔	事(こと) 것, 일
心配だ(しんぱいだ) 걱정이다	パーティー 파티	簡単だ(かんたんだ) 간단하다
友達(ともだち) 친구	所(ところ) 곳	

듣고 써봅시다!

1. 잘 듣고 내용과 맞는 그림을 골라 연결하세요.

(1) (2) (3)

2. 대화내용을 잘 듣고 질문에 ○×로 답하세요.

(1) 田中さんの　部屋は　いつも　きれいです。 (　　)

(2) 田中さんは　今日　暇です。 (　　)

(3) ピアノは　よかったですが、 バイオリンは　よく　なかったです。 (　　)

새로운 단어

自転車(じてんしゃ) 자전거	掃除(そうじ) 청소	必要だ(ひつようだ) 필요하다
いつも 늘, 항상	音楽会(おんがくかい) 음악회	特に(とくに) 특히
ピアノ 피아노	バイオリン 바이올린	

일본어로 놀아봅시다!

퍼즐게임

い형용사와 な형용사를 활용하여 워드퍼즐을 완성해봅시다.

가로→

1. '조용하다'의 부정형
2. 좋아하다
3. 친절하다
4. '싸다'의 반대말
5. '아름답다'의 부정형

세로↓

1. '어렵다'의 과거형
2. 서늘하다
3. 깨끗하다
4. 괜찮다
5. '넓다'의 반대말

제9과

やさしくて　まじめな　人です

생각해보기

여러분의 취미는 무엇입니까? 가족들의 취미를 알고 있나요? 이시우가 기무라와 함께 취미와 가족에 대해 이야기를 하고 있습니다.

앞에서 배운 い형용사와 な형용사를 연결하여 취미와 가족에 대해 표현하는 방법을 배워보도록 하겠습니다.

함께 이야기해 봅시다!

木村　　イさんの　趣味は　何ですか。

イ　　私は　料理が　好きです。 母も　料理が　好きで
とても　上手です。

木村　　イさんの　家族は　何人ですか。

イ　　多いですよ。 祖母と　両親、 兄、 妹、 そして
私の　6人家族です。

木村　　一番　下の　妹さんは　おいくつですか。

イ　　妹は　私より　4才下の　16才で、 まだ　高校生です。
かわいくて　まじめです。
木村さんは　何人家族ですか。

木村　　両親と　姉、 そして　私の　4人家族です。
姉は　私より　5才上で　会社員です。

イ　　お姉さんは　どんな　方ですか。

木村　　やさしくて　まじめな　人です。
私も　姉も　趣味は　ゲームです。

イ　　木村さんは　どんな　ゲームが　好きですか。

木村　　ゲームの　中で　アクションゲームが　一番　楽しくて
おもしろいです。

새로운 단어

趣味(しゅみ) 취미	上手だ(じょうずだ) 잘하다	家族(かぞく) 가족
何人(なんにん) 몇 명	祖母(そぼ) 할머니	両親(りょうしん) 부모님
兄(あに) 오빠, 형	妹(いもうと) 여동생	そして 그리고
6人(ろくにん) 6명	一番(いちばん) 가장	おいくつ 몇 살
~より ~보다	4才(よんさい) 4살	16才(じゅうろくさい) 16세
まだ 아직	かわいい 귀엽다	姉(あね) 누나, 언니
4人(よにん) 4명	5才(ごさい) 5살	お姉さん(おねえさん) 누나, 언니
アクションゲーム 액션게임	方(かた) 분	

문형과 문법을 배워봅시다!

1. ~が　好きです(嫌いです)　　~(을)를 좋아합니다(싫어합니다)
　~が　上手です(下手です)　　~(을)를 잘 합니다(못 합니다)

日本の　アニメが　好きです。

虫が　嫌いです。

英語が　下手です。

2. ~で　~です　　~고 ~(ㅂ)습니다

静かで　やさしい　人です。

この　町は　にぎやかで　有名です。

スポーツセンターは　きれいで　広いです。

새로운 단어 및 가족호칭

虫(むし) 벌레　　嫌いだ(きらいだ) 싫어하다　　英語(えいご) 영어

下手だ(へただ) 서투르다　　町(まち) 동네, 마을, 도시　　スポーツセンター 스포츠센터

가족호칭

	할아버지/할머니	아버지/어머니	형, 오빠/누나, 언니	남동생/여동생
자신의 가족을 다른 사람에게 말할 때	祖父(そふ)/ 祖母(そぼ)	父(ちち)/ 母(はは)	兄(あに)/ 姉(あね)	弟(おとうと)/ 妹(いもうと)
다른 사람의 가족을 말할 때	おじいさん/ おばあさん	お父さん/ お母さん	お兄さん/ お姉さん	弟さん/ 妹さん
자신의 가족을 직접 부를 때	おじいちゃん/ おばあちゃん	お父さん/ お母さん	お兄さん/ お姉さん	이름

3. ~くて　~です　~고 ~(ㅂ)습니다

あの　店の　焼き肉は　安くて　おいしいです。

地下鉄は　速くて　便利です。

毎日　忙しくて　大変です。

4. ~より (~の ほう)が　~です　~보다 ~쪽이 ~(ㅂ)습니다

私は　ドラマより　アニメ(の ほう)が　好きです。

バナナより　いちご(の ほう)が　おいしいです。

バスより　地下鉄(の ほう)が　便利です。

5. ~の 中で　~が　一番　~です　~ 중에서 ~이/가 가장 ~(ㅂ)습니다

食べ物の　中で　トンカツが　一番　好きです。

授業の　中で　日本語の　会話が　一番　おもしろいです。

この　店で　一番　高い　本は　これです。

새로운 단어

焼き肉(やきにく) 불고기	速い(はやい) 빠르다	毎日(まいにち) 매일
ドラマ 드라마	方(ほう) ~쪽, ~편	バナナ 바나나
いちご 딸기	トンカツ 돈가스	会話(かいわ) 회화

읽고 써봅시다!

1.例)父 / 料理 / 上手だ　⇨　父は　料理が　上手です

祖父 / 犬 / 好きだ　⇨

私 / 歌 / 苦手だ　⇨

妹 / パソコン / 得意だ　⇨

2.例)妹 / かわいい / まじめだ　⇨　妹は　かわいくて　まじめです。

弟 / 背が　高い / 元気だ　⇨

友達 / かわいい / 親切だ　⇨

この 問題 / やさしい / 簡単だ　⇨

3.例)私 / 犬 / 猫 / 好きだ　⇨　私は　犬より　猫が　好きです。

私 / 英語 / 日本語 / 得意だ　⇨

兄 / 私 / 背 / 高い　⇨

姉 / 辛い　もの / 甘い　もの / 好きだ

⇨

새로운 단어

歌(うた) 노래
背が高い(せが たかい) 키가 크다
もの 것, 일, 사람
苦手だ(にがてだ) 잘 못하다
問題(もんだい) 문제
得意だ(とくいだ) 잘하다
猫(ねこ) 고양이

듣고 써 봅시다!

1. 잘 듣고 내용과 맞는 그림을 골라 연결하세요.

(1) (2) (3)

2. 대화내용을 잘 듣고 질문에 ○×로 답하세요.

(1) 田中さんは　水泳が　好きです。 (　　　　　)

(2) 二人の　妹は　歌と　料理が　上手です。 (　　　　　)

(3) 田中さんの　声は　大きく　ありません。 (　　　　　)

새로운 단어

サッカー 축구	野球(やきゅう) 야구	水泳(すいえい) 수영
バドミントン 배드민턴	声(こえ) (목)소리	大きい(おおきい) 크다

일본어로 놀아봅시다!

이미지 게임

친구 또는 가족은 어떤 사람입니까? 질문을 하여 체크를 한 뒤 형용사의 다양한 활용과 비교급(より), 최상급(一番) 표현 등을 넣어 친구를 소개하는 문장을 완성해보세요.

질문 예시)
- ○○さんは どんな 性格ですか。
- 何が 好きですか(嫌いですか)。
- 何が 上手ですか(下手ですか)。
- 趣味は 何ですか。
- 추가질문(자율):

내 친구 또는 가족을 소개합니다.

제10과

夜　10時まで　勉強します

생각해보기

기무라씨와 이시우씨가 중간고사를 앞두고 시험에 대해 이야기를 나누고 있습니다. 이번 과에서는 일본어 동사 종류와 동사의 정중체인 ます형을 학습하여 더욱 다양한 표현으로 일본인과 이야기할 수 있는 능력을 길러 봅시다.

함께 이야기해 봅시다!

イ	あ、 木村さん、 今日の　午後、 何を しますか。
木村	学校の　図書館で　勉強を　します。
イ	何時まで　いますか。
木村	来週の　月曜日から　中間試験ですので、 夜　10時まで　勉強します。
イ	遅くまで　勉強しますね。 昨日も　図書館で　勉強しましたか。
木村	はい。 朝から　図書館に　いました。
イ	夕ご飯は　どうしましたか。
木村	夕ご飯は　学食で　食べました。
イ	そうですか。 昨日、 私も　図書館に　行きました。 でも、 夕方には　帰りました。 私も　これから　もっと　がんばります。

새로운 단어

何(なに/なん) 무엇
~ます ~합니다(동사의 정중형)
課題(かだい) 과제
中間試験(ちゅうかんしけん) 중간시험
遅い(おそい) 늦다
朝(あさ) 아침
夕ご飯(ゆうごはん) 저녁밥
~で ~에서
行く(いく)가다
帰る(かえる) 돌아가다, 돌아오다
がんばる 열심히 노력하다, 분발하다
する 하다
学校(がっこう) 학교
月曜日(げつようび) 월요일
夜(よる) 밤
~ました ~았/었습니다(ます의 과거형)
いる 있다
学食(がくしょく) 학식(학생식당의 줄임말)
食べる(たべる) 먹다
夕方(ゆうがた) 저녁
もっと 더욱

문형과 문법을 배워봅시다!

1. 동사의 기본형

동사의 종류	동사의 기본형 : 모두「う단」으로 끝남	동사례
1그룹 동사	① 기본형이「る」로 끝나지 않는 모든 동사 ② 기본형이「る」로 끝나고「る」앞이 あ단, う단, お단인 동사	예) 会う(あう), 行く(いく) 待つ(まつ) 예) 分かる(わかる) 作る(つくる), 乗る(のる)
2그룹 동사	① 기본형이「る」로 끝나고「る」앞이 い단인 동사 ② 기본형이「る」로 끝나고「る」앞이 え단인 동사	예) 見る(みる), 起きる(おきる) 예) 食べる(たべる), 寝る(ねる)
3그룹 동사	활용이 불규칙적인 동사	예) 来る(くる), する

※ 예외적인 1그룹동사 : 형태는 2그룹 동사와 같지만 1그룹 동사처럼 활용하는 동사
예) 走る(はしる), 要る(いる), 帰る(かえる), 切る(きる), しゃべる

2. 동사의 활용형(ます형)

동사의 종류	활용하는 방법	활용례
1그룹 동사 (예외1그룹 포함)	어미 う단을 い단으로 바꾸고 ます 연결	会う(あう) → あいます 行く(いく) → いきます 待つ(まつ) → まちます 分かる(わかる) → わかります 作る(つくる) → つくります 乗る(のる) → のります ※走る(はしる) → はしります 帰る(かえる) → かえります
2그룹 동사	어미 る를 빼고 ます 연결	見る(みる) → みます 起きる(おきる) → おきます 食べる(たべる) → たべます 寝る(ねる) → ねます
3그룹 동사	불규칙 활용	来る(くる) → きます する → します

3. ~ます　　~합니다

毎朝　ご飯を　食べます。

午後　図書館で　勉強します。

バスに　乗ります。

4. ~ません　　~지 않습니다

アメリカには　行きません。

映画は　見ません。

今日は　勉強しません。

5. ~ました　~았/었습니다

昨日　お酒を　飲みました。

妹は　先に　起きました。

キムさんが　来ました。

6. ~ませんでした　~지 않았습니다

誰も　いませんでした。

去年は　日本に　帰りませんでした。

日曜日は　勉強しませんでした。

7. 요일 표현

日曜日(にちようび)　일요일

月曜日(げつようび)　월요일

火曜日(かようび)　화요일

水曜日(すいようび)　수요일

木曜日(もくようび)　목요일

金曜日(きんようび)　금요일

土曜日(どようび)　토요일

何曜日(なんようび)　무슨 요일

새로운 단어

会う (あう) 만나다

作る(つくる) 만들다

見る(みる) 보다

来る(くる) 오다

しゃべる 수다 떨다

お酒(おさけ) 술

待つ(まつ) 기다리다

乗る(のる) 타다

起きる(おきる) 일어나다

要る(いる) 필요하다

毎朝(まいあさ) 매일 아침

先(さき) 좀 전

分かる(わかる) 알다, 이해하다

走る(はしる) 달리다

寝る(ねる) 자다

切る(きる) 자르다

アメリカ 아메리카, 미국

읽고 써 봅시다!

1.例)
会う ⇨ 会います ⇨ 会いません ⇨ 会いました ⇨ 会いませんでした

見る ⇨

練習する ⇨

話す ⇨

2.例) 本 / を / 読む ⇨ A:本を　読みますか。
B1:はい、　読みます。
B2:いいえ、　読みません。

朝ご飯 / を / 食べる ⇨ A:
B1:
B2:

家 / に / 帰る ⇨ A:
B1:
B2:

バス / に / 乗る ⇨ A:
B1:
B2:

3.例) 宿題 / を / する ⇨ A:宿題を　しましたか。
B1:はい、　しました。
B2:いいえ、　しませんでした。

友達 / と / 遊ぶ ⇨ A:
B1:
B2:

お酒 / を / 飲む ⇨ A:
B1:
B2:

ご飯 / を / 食べる ⇨ A:
B1:
B2:

듣고 써 봅시다!

1. 일본어 문장을 잘 듣고 알맞은 그림을 골라 보세요.

(1) (2) (3)

2. 일본어 문장을 잘 듣고 맞으면 O, 틀리면 X로 답하세요.

(1) キムさんは　朝　7時に　起きます。　(　　)
(2) チャンさんは　朝ご飯を　食べました。　(　　)
(3) 田中さんは　午後から　バイトします。　(　　)

새로운 단어

練習する(れんしゅうする) 연습하다
朝ご飯(あさごはん) 아침밥
遊ぶ(あそぶ) 놀다
話す(はなす) 말하다, 이야기하다
家(うち) 집
飲む(のむ) 마시다
読む(よむ) 읽다
バス 버스
チャン 장(한국인의 성씨)

일본어로 놀아봅시다!

옆 친구와 하루 계획을 세워 보고 ます형을 사용하여 서로 이야기해 봅시다.

예시)

7時 / 起きる	⇨	朝　7時に　起きます。
10時 / 学校に　行く	⇨	10時に　学校に　行きます。
12時 / お昼を　食べる	⇨	12時に　お昼を　食べます。
4時 / カフェで　バイトする	⇨	4時から　カフェで　バイトします。
6時 / 家に　帰る	⇨	6時に　家に　帰ります。

하루 계획표

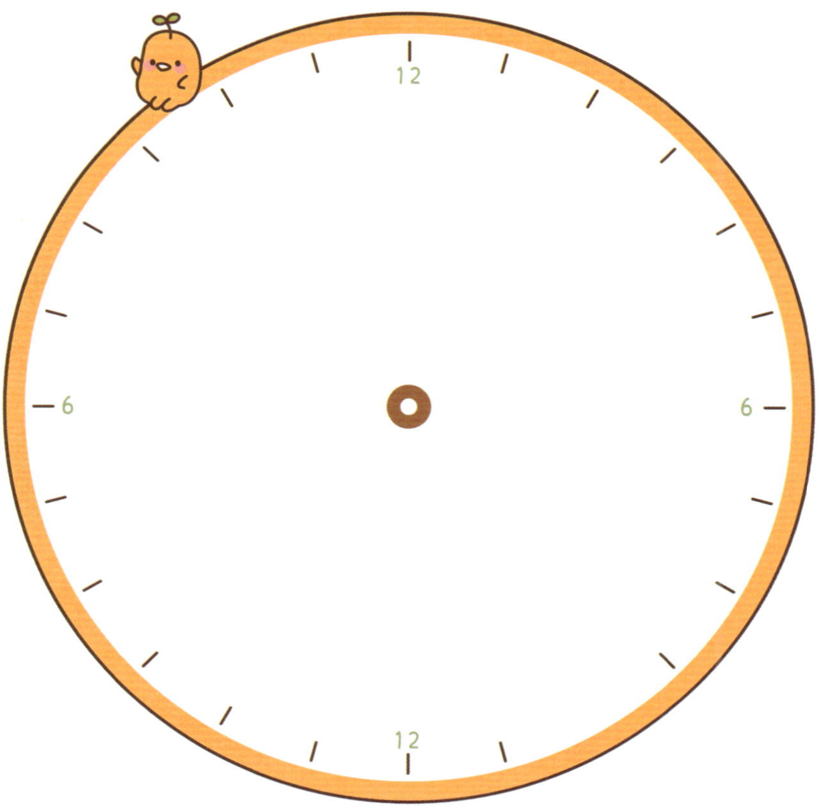

제11과

韓国料理を　食べて、お酒も　飲みました

생각해보기

기무라 씨와 이시우 씨가 겨울방학에 무엇을 할 것인지에 대해 이야기를 나누고 있습니다. 이번 과에서는 동사의 과거형인 た형과 그 응용표현, て형을 응용한 여러 표현을 익혀 예전에 했던 일을 이야기하거나 앞으로의 계획을 이야기하는 연습을 해 봅시다.

함께 이야기해봅시다!

木村	イさん、 中間試験は　終わりましたか。
イ	はい。 終わりました。
	試験中は　全然　遊びませんでしたので、
	昨日は　友達に　会って、 映画を　見ました。
木村	いいですね。 私も　昨日は　久しぶりに
	友達に　会って、 食事を しました。
イ	何を　食べましたか。
木村	韓国料理を　食べて、 お酒も　飲みました。
	とても、 おいしかったです。
イ	それは　よかったですね。
木村	はい。 でも、 ちょっと　疲れて、 今日は
	家に　帰ります。 イさんは？
イ	私は　バイトしてから、 帰ります。

새로운 단어

韓国料理(かんこくりょうり) 한국요리
食事(しょくじ) 식사
~に会う(あう) ~을/를 만나다
~中(~ちゅう) ~하는 동안
疲れる(つかれる) 피곤하다

문형과 문법을 배워봅시다!

1. 동사의 て형

동사의 종류	활용하는 방법	활용례
1그룹 동사	어미가う、つ、る인 경우 「って」	예) 会う(あう)→ あって 待つ(まつ)→ まって 乗る(のる)→ のって
	어미가 ぬ、む、ぶ인 경우 「んで」	예) 死ぬ(しぬ)→ しんで 飲む(のむ)→ のんで 遊ぶ(あそぶ)→ あそんで
	어미가 く、ぐ인 경우 「いて」、「いで」	예) 書く(かく)→ かいて 泳ぐ(およぐ)→ およいで
	어미가 す인 경우 「して」	예) 話す(はなす)→ はなして
	예외	예) 行く(いく)→ いって
2그룹 동사	어미 る를 떼고「て」	예) 見る(みる)→ みて 食べる(たべる)→ たべて
3그룹 동사	불규칙	예) 来る(くる)→ きて する→ して

2. ~て　　　~고, ~아/어서

バスに　乗って、　学校に　行きます。

映画を　見て、　友達と　遊びます。

友達に　会って、　買い物を　します。

3. ~てから　~고 나서

食事を　してから、　お茶を　飲みます。

レポートを　書いてから、　テレビを　見ます。

顔を　洗ってから、　歯を　磨きます。

읽고 써 봅시다!

1. 例) 見る　⇨　見て

飲む　⇨

来る　⇨

泳ぐ　⇨

2. 例) ご飯を　食べる / お酒を　飲む
⇨　ご飯を　食べて、お酒を　飲みます。

病院に　行く / 薬を　飲む　⇨

切符を　買う / 電車に　乗る　⇨

レポートを　書く / 寝る　⇨

3. 例) 家に　帰る / ゲームを　する
⇨　家に　帰ってから、ゲームを　します。

試験が　終わる / カラオケに　行く　⇨

顔を　洗う / 学校に　行く　⇨

運動を　する / テレビを　見る　⇨

새로운 단어

死ぬ(しぬ) 죽다
泳ぐ(およぐ) 수영하다
顔(かお) 얼굴
磨く(みがく) 닦다
切符(きっぷ) 표, 티켓
カラオケ 노래방
買い物(かいもの) 쇼핑
お茶(おちゃ) 차
洗う(あらう) 씻다
病院(びょういん) 병원
買う(かう) 사다
書く(かく) 쓰다
レポート 리포트
歯(は) 이
薬(くすり) 약
電車(でんしゃ) 전철

듣고 써 봅시다!

1. 일본어 문장을 잘 듣고 한 일을 순서대로 배열하세요. (   )

(1)

(2)

(3)

2. 일본어 문장을 잘 듣고 먼저 한 일에 체크하세요.

(1) 朝ご飯を　食べる。 (　　　　　)
歯を　磨く。 (　　　　　)

(2) ゲームを　する。 (　　　　　)
レポートを　書く。 (　　　　　)

(3) 食事を　する。 (　　　　　)
お酒を　飲む。 (　　　　　)

일본어로 놀아봅시다!

동사의 て형을 활용하여 노래를 불러 봅시다.

むすんでひらいて

作詞者不詳

作曲：ジャン＝ジャック・ルソー

출처: https://ori-iro.hateblo.jp/entry/musunde_hiraite

むすんで　ひらいて

1. むすんで　ひらいて　手を　うって　むすんで　また　ひらいて　手を　うって、
   その　手を　上に　むすんで　ひらいて　手を　うって　むすんで
2. むすんで　ひらいて　手を　うって　むすんで　また　ひらいて　手を　うって、
   その　手を　下に　むすんで　ひらいて　手を　うって　むすんで
3. むすんで　ひらいて　手を　うって　むすんで　また　ひらいて　手を　うって、
   その　手を　頭に　むすんで　ひらいて　手を　うって　むすんで
4. むすんで　ひらいて　手を　うって　むすんで　また　ひらいて　手を　うって、
   その　手を　ひざに　むすんで　ひらいて　手を　うって　むすんで

제12과
京都に　行った　ことが　ありますか

생각해보기

기무라씨와 이시우씨가 겨울방학에 무엇을 할 것인지에 대해 서로 이야기를 나누고 있습니다. 이번 과에서는 일본어의 동사의 과거형, 동사를 사용하여 행동을 열거하는 표현 등을 익혀 과거에 했던 일들을 이야기할 수 있는 연습을 해 봅시다.

함께 이야기해 봅시다!

イ	木村さん。 夏休みは　何を　する　予定ですか。
木村	京都に　行く　つもりです。 イさんは　京都に　行った　ことが　ありますか。
イ	いいえ、 まだ　行った　ことは　ありません。 京都には　何が　ありますか。
木村	お寺や　おいしい　お店が　多いですよ。
イ	いいですね。 私も　行って　みたいです。
木村	イさんは　夏休み、 何を　する　予定ですか。
イ	私は　日本語を　勉強したり、 バイトを　したり　する　つもりです。 あ、 運動も　したいですね。
木村	運動ですか。
イ	はい。 私、 野球の　サークルに　入って　います。 それで、 夏休みは　サークルの　仲間と　野球の　練習も　する　つもりです。

새로운 단어

京都(きょうと) 교토(일본의 지명)　予定(よてい) 예정　お寺(おてら) 절
夏休み(なつやすみ) 여름방학　サークル 서클　仲間(なかま) 동료, 친구
練習(れんしゅう) 연습

문형과 문법을 배워봅시다!

1. 동사의 た형

동사의 종류	활용방법 : 동사의 て형과 같음	활용례
1그룹 동사	어미가 う、つ、る인 경우 「った」	예) 会う(あう) → あった 待つ(まつ) → まった 乗る(のる) → のった
	어미가 ぬ、む、ぶ인 경우 「んだ」	예) 死ぬ(しぬ) → しんだ 飲む(のむ) → のんだ 遊ぶ(あそぶ) → あそんだ
	어미가 く、ぐ인 경우 「いた」、「いだ」	예) 書く(かく) → かいた 泳ぐ(およぐ) → およいだ
	어미가 す인 경우「した」	예) 話す(はなす) → はなした
	예외	예) 行く(いく) → いった
2그룹 동사	어미 る를 떼고「た」	예) 見る(みる) → みた 食べる(たべる) → たべた
3그룹 동사	불규칙	예) 来る(くる) → きた する → した

*「たり」형은「た」대신에「たり」를 연결한다.

2. ~た　~았/었다

昨日、 友達に 会った。

朝、 パンを 食べた。

掃除を した。

3. ~たり ~たり します　~거나 ~거나 합니다

本を 読んだり、 レポートを 書いたり します。

音楽を 聞いたり、 テレビを 見たり します。

ご飯を 食べたり、 お酒を 飲んだり しました。

4. ~て　います (진행)　　~고 있습니다

カフェで　コーヒーを　飲んで　います。
レストランで　ご飯を　食べて　います。
図書館で　勉強して　います。

5. ~て　います (상태)　　~해져 있습니다

ドアが　開いて　います。
虫が　死んで　います。
正門が　閉まって　います。

6. ~て　みたいです　　~해 보고 싶습니다

北海道に　行って　みたいです。
海で　泳いで　みたいです。
刺身が　食べて　みたいです。

7. ~た　ことが　あります　　~한 적이 있습니다

沖縄に　行った　ことが　あります。
新幹線に　乗った　ことが　あります。
鈴木さんと　話した　ことが　あります。

새로운 단어

聞く(きく) 듣다
ドア 문
閉まる(しまる) 닫히다
海(うみ) 바다
新幹線(しんかんせん) 신칸센 (일본의 고속철도)
レストラン 레스토랑
開く(あく) 열리다
北海道(ほっかいどう) 홋카이도(일본의 지명)
沖縄(おきなわ) 오키나와(일본의 지명)

읽고 써 봅시다!

1. 例) 野球を する ⇨ 野球を　して　います。(진행)

ご飯を　食べる　⇨

本を　読む　⇨

例) サークルに　入る ⇨ サークルに　入って　います。(상태)

席に　座る　⇨

窓が　開く　⇨

2. 例) 日本に　行く　⇨　A:日本に　行った　ことが　ありますか。
B1:はい、 あります。
B2:いいえ、 ありません。

イタリア料理を　食べる　⇨　A:
B1:
B2:

芸能人に　会う　⇨　A:
B1:
B2:

田中さんと　話す　⇨　A:
B1:
B2:

3. 例) 勉強する / ゲームを　する
⇨勉強したり、 ゲームを　したり　します。

映画を　見る / 音楽を　聞く　⇨

外で　遊ぶ / 家で　寝る　⇨

料理を　作る / 掃除を　する　⇨

새로운 단어

席(せき) 자리　座る(すわる) 앉다　イタリア 이탈리아
芸能人(げいのうじん) 연예인

듣고 써 봅시다!

1.일본어 문장을 잘 듣고 알맞은 그림을 골라 보세요.

(1) (2) (3)

2.일본어 문장을 듣고 하지 않은 일에 체크하세요.

(1) 公園: 遊ぶ。 ( )
散歩する。 ( )
テニスを　する。 ( )

(2) カフェ: コーヒーを　飲む。 ( )
友達と　話す。 ( )
マンガを　読む。 ( )

(3) 図書館: 本を　読む。 ( )
勉強する ( )
レポートを　書く。 ( )

새로운 단어

テニス 테니스
習う(ならう) 배우다
コンサート 콘서트
刺身(さしみ) 사시미, 회
散歩(さんぽ) 산책

일본어로 놀아봅시다!

오늘 배운 표현 등을 활용해서 옆 친구와 교환일기를 써서 서로 읽어 봅시다.

예시)

今日の　できごと

私は　今日　7時に　起きた。
起きてから　顔を　洗って　歯を　磨いた。
10時には　学校に　行って　日本語の　授業を　受けた。
お昼は　学食で　オムライスを　食べた。
午後は　コンビニで　バイトして　家に　帰った。

今日、 思ったこと!

日本語の　授業、 おもしろかった。
オムライス　おいしかった。
バイト、 疲れた。

새로운 단어

出来事(できごと) 일, 사건
思う(おもう) 생각하다
反省(はんせい) 반성
授業を受ける(じゅぎょうを うける) 수업을 듣다
交換日記(こうかんにっき) 교환일기
落書き(らくがき) 낙서

交換日記

年

月　　日　　　　　　　　　　　　　書いた人

今日の出来事

今日、思ったこと

今日の反省	明日のこと

落書きコーナー

https://www.hinagata-free.com/life/life78.htm

정답 및 듣기지문

정답 및 듣기지문

[4과] 듣고 써 봅시다 (32페이지)

1. 일본어 단어를 잘 듣고 알맞은 일본어를 넣어보세요.
   (1) はじめまして
   (2) よろしく
   (3) おねがいします
   (4) こちらこそ

2. 일본어 문장을 잘 듣고 빈칸에 알맞은 일본어를 넣어 보세요.
   (1) 私は　(先生)です。
   (2) あなたは　(学生)ですか。
   (3) 彼女は　(日本人)ですか。
   (4) イさんは　(韓国の公務員)です。

[5과] 듣고 써 봅시다 (41페이지)

1. 일본어 문장을 잘 듣고 알맞은 그림을 골라 보세요.
   (1) A: これは　何ですか。B: それは　かさです。
   (2) A: それは　何ですか。B: これは　椅子です。
   (3) A: あれは　何ですか。B: あれは　銀行です。

2. 일본어 문장을 잘 듣고 알맞은 그림을 골라 보세요.
   (1) 犬は　猫の　右に　います。
   (2) パンは　机の　上に　あります。

[6과] 듣고 써 봅시다 (48페이지)

1. 일본어 문장을 잘 듣고 알맞은 그림을 골라 보세요.
   (1) 7時　50分です。
   (2) 9時　15分です。
   (3) 4時　40分です。

2. 일본어 문장을 잘 듣고 알맞은 시간을 적어 보세요.
   (1) バイトは　9時から　6時まででした。
   (2) 授業は　10時　15分から　12時　30分までです。
   (3) 休みは　2時　10分から　4時　25分までです。

[7과] 듣고 써 봅시다 (58페이지)

1. 잘 듣고 내용과 맞는 그림을 골라 연결하세요.
   (1) おいしい　生ビールですね。
   (2) あの　ビルは　高いです。
   (3) 今日は　寒いです。

2. 대화내용을 잘 듣고 질문에 ○ ×로 답하세요.
   (1) A: 昨日は　涼しかったですが、 今日の天気は　どうですか。
       B: 午前中は　涼しかったですが、 今は暑いです。
   (2) A: みそラーメンは　高いですか。
       B: はい、 高いです。 うどんは　どうですか。
       A: これは　安いです。 でも、 少し塩辛いです。
   (3) A: 昨日の　アニメは　どうでしたか。
       B: 少し　長かったですが、おもしろかったです。

[8과] 듣고 써 봅시다 (68페이지)

1. 잘 듣고 내용과 맞는 그림을 골라 연결하세요.
   (1) 私は　今　元気じゃありません。
   (2) 便利な　自転車です。
   (3) 家の　隣の　カフェは　とても　静かです。

2. 대화내용을 잘 듣고 질문에 ○×로 답하세요.
   (1) A: 私の　部屋は　掃除が　必要です。
   田中さんの　部屋は　どうですか。
   B: 私の　部屋は　いつも　きれいです。
   (2) A: 田中さん、今日　忙しいですか。
   B: はい、そうです。でも、明日は
   暇です。
   (3) A: ああ、すてきな　音楽会でした。
   B: 特に　ピアノと　バイオリンが
   よかったです。

[8과] 일본어로 놀아봅시다 (69페이지)

가로
1. しずかじゃない
2. すきだ
3. しんせつだ
4. たかい
5. うつくしくない

세로
1. むずかしかった
2. すずしい
3. きれいだ
4. だいじょうぶだ
5. せまい

[9과] 듣고 써 봅시다 (78페이지)

1. 잘 듣고 내용과 맞는 그림을 골라 연결하세요.
   (1) 私の　家族は　六人です。
   (2) 小さくて　きれいな　花です。
   (3) 私の　趣味は　サッカーです。

2. 대화내용을 잘 듣고 질문에 ○×로 답하세요.
   (1) A: 私は　野球より　水泳が　好きです。
   田中さんは　何が　好きですか。
   B: 昔は、水泳が　好きでしたが、今は
   バドミントンが　好きです。
   (2) A: 私の　妹は　歌と　料理が　上手です。
   B: 私の　妹と　同じすね。
   (3) A: 友達の　中で　誰が　一番　声が
   大きいですか。
   B: 田中さんです。

[10과] 듣고 써 봅시다 (88페이지)

1. 일본어 문장을 잘 듣고 알맞은 그림을 골라 보세요.
   (1) A: イさんは　友達と　映画を　見ましたか。
   B: はい、見ました。
   (2) A: 鈴木さんは　うちに　帰りますか。
   B: はい、帰ります。
   (3) A: 佐藤さんは　うちで　勉強しましたか。
   B: はい、勉強しました。

2. 일본어 문장을 잘 듣고 맞으면 O, 틀리면 X로 답하세요.
   (1) A: キムさんは　何時に　起きますか。
   B: 私は　朝　７時に　起きます。
   (2) A: チャンさんは朝ご飯を　食べましたか。
   B: いいえ、朝ご飯は　食べませんでした。
   (3) A: 田中さん、午後から　バイトしますか。
   B: はい、４時から　コンビニで　バイト
   します。

[11과] 듣고 써 봅시다 (95페이지)

1. 일본어 문장을 잘 듣고 한 일을 순서대로 배열하세요.

私は　今日　友達と　会いました。
まず、 映画を　見て、 お昼を　食べました。
お昼を　食べてから、 買い物も　しました。
それから、 バスに　乗って　家に　帰りました。

2. 일본어 문장을 잘 듣고 먼저 한 일에 체크하세요.

(1) A:朝　起きてから　いつも　何を　しますか。
B:朝ご飯を　食べてから、 歯を　磨きます。
(2) A: うちに　帰ってから　いつも　何を　しますか。
B: レポートを　書いてから、 ゲームを　します。
(3) A: 試験が　終わってから、 いつも　何を　しますか。
B:食事を　してから、 お酒を　飲みます。

[12과] 듣고 써 봅시다 (102페이지)

1. 일본어 문장을 잘 듣고 알맞은 그림을 골라 보세요

(1) 私は　テニスを　習った　ことが　あります。
(2) 私は　コンサートに　行った　ことが　あります。
(3) 私は　刺身を　食べた　ことが　あります。

2. 일본어 문장을 듣고 하지 않은 일에 체크하세요

(1) 公園で　散歩したり、 テニスを　したり　します。
(2) カフェで　コーヒーを　飲んだり、 友達と　話したり　します。
(3) 図書館で　本を　読んだり、 勉強したり　します。